CUATRO POEMAS

CUATRO POEMAS

ELSA CROSS

5/10

Nautilus
EDICIONES

CUATRO POEMAS
Primera edición: abril 2024

© De los poemas: Elsa Cross
© De la fotografía de la autora: Pascual Borzelli Iglesias
© Del diseño de cubierta y maquetación: Nautilus Ediciones
© De la selección de poetas y coordinación editorial: Samuel Trigueros
  Nautilus Ediciones
  nautilusedicioneshn@gmail.com

ISBN: 978-84-10241-05-3
Depósito Legal: Z 707-2024

Impreso en España, Unión Europea

ELSA CROSS
(México, 1946)

Autora de numerosos libros de poesía, ensayo y traducción. A su *Poesía completa* (1964-2012), han seguido cinco títulos más, entre ellos *Insomnio* (2016), *Nepantla* (2019) e *Isla Negra* (2016), que obtuvo el Premio Mazatlán de Literatura 2024, en México. Aparecieron catorce poemarios suyos en otros países y ha sido incluida en más de un centenar de antologías. En España publicó, *El diván de Antar* (Palmart, Valencia, 2000) y *Más rojo bajo el sol* (Vaso Roto, Madrid, 2015). En los últimos años obtuvo en México, entre otros, el Premio Nacional de Artes y Literatura (2016), el Premio Iberoamericano de Poesía Ramón López Velarde (2019) y el Premio Internacional Alfonso Reyes (2023), así como otros en Canadá, Francia, Suiza, Italia y Chile. Desarrolla paralelamente una carrera académica. Es Maestra y doctora en Filosofía por la Universidad Nacional Autónoma de México, donde es profesora titular. Ha publicado seis libros de ensayo, así como artículos especializados. Recientemente aparecieron *Puerta del Este. Ensayos sobre mito, arte y pensamiento de la India* (2019), *Un templo en el oído. Ensayos sobre el mito y lo sagrado* (2022) y una vasta compilación con el tema y el título de *El Lejano Oriente en la poesía mexicana* (2022).

INVOCACIÓN

Me llamas desde los matorrales,
desde las hojas ahítas de tu savia.

Cualquier resquicio en el tezontle
                    o agujero en la nube,
cualquier fisura en el aliento
me vuelcan al sitio donde imperas
como un lirio morado,
una piedra sagrada,
                    una resina.

Te sigo y pierdo mi cuerpo
como quien se dispone a naufragar
o se vuelve un pararrayos,
quien suspende del aire
                    su querella contra el miedo
        y se acerca manso
        y abreva en tu costado.

Allí donde tu voz se oye,
el mundo se vuelve
                    esa sustancia pálida.

Teje sus redes
el pensamiento a la deriva.
Acaso se encuentran
                    y convergen

las luces y su sombra.
Acaso se unen.
Nada queda del suelo donde te muestras.

     Y yo te sigo,
     tierra me vuelvo para sentir tus pies.

Se encienden,
flotan,
     fibras de tu voz.

Me llamas en el vértigo.
Dejo caer el tiempo
como una fruta ingrávida,
dejo al río transcurrir
               sin preguntarme
qué celadas tiende en el reflejo.

Allí tu voz
ensancha sus hojas,
y no hay cómo resistir
la nada que acecha tras tus formas.

Las hormigas horadan mi sueño,
abren filigranas bajo tierra
por donde ascienden tus otras voces.

BACANTES

BACANTES

¡Hombre! ¡Ah, Ariadna!

Tocaba la flauta y la música guiaba sus pasos
Apollinaire. "El músico de Saint-Merry"

I

En la fuente nos hemos sumergido.
A su corriente dejamos nuestros cuerpos
como bancos errantes,
tierra que se desprende
llevándose la orilla de espadañas.
Fluimos por sus transparencias
y en el fondo de ese lecho
nuestras piernas rozaban un musgo suave.
Plantas se enredaban a los pies.
Sentíamos el paso de esos peces
que a un descuido, decían,
se pegaban entre los muslos de las mujeres.
Y todo el tiempo una frase en los oídos
pulsando al límite sus cadencias más altas.
Río abajo veíamos las ramas contra el cielo.
El sol dibujaba en nuestros cuerpos
la sombra de las hojas.
La brisa traía tu olor.
Pasamos bajo un sauce
y sus ramas detenían de los cabellos
todo ese impulso río abajo.

II

Rodeados de los cerros como murallas
los hombres jugaban en las terrazas.
Ruido de carreras sobre el pasto.
Un azul morado en el aire cuando el sol se metía.
Los pájaros iban callando.
Los murciélagos alzaban su vuelo errático.
Los hombres corrían tras los tantos del juego,
sus gritos reverberaban entre los cerros.
Ovación.
Te levantaban en hombros,
te llevaban cuesta abajo a celebrar.
A cada salida de ese pueblo, un templo.
Las siete puertas resguardadas por los arcángeles, decían.
Y el nuestro en suerte se embriagaba en los portales,
hablando del cielo y del infierno
como de sitios separados por dos pulgadas
dentro del cuerpo.

III

Nada de tus prestigios santos.
Las mujeres te esperaban como un advenimiento,
y llegaste con marihuana en los bolsillos,
el cabellos en desorden,
quién sabe de cuáles correrías salido apenas.
Y tenías algunos enigmas que responder
como a la Reina de Saba.
Te reías de verlas tan piadosas,
tus hermanas de leche,
y como Shiva en el Bosque de Pinos,
desplegando un gran falo

las sedujiste en las barbas de sus maridos,
los ascetas.
Y ellas te siguieron.
Ninguna maldición te alcanzaba,
oh Fumador-de-Hierbas-Intoxicantes.
Arriba, señales de espejos en las ramas.
La tierra quieta, esperando,
como en día de mucha fiesta.
Y allá bajaban los Concheros
con sus flautas y sus tambores tristes,
sus cascabeles de semillas secas.
Danza de espejos bajo el sol.
En el barrio de la Cruz tronaban cohetes.
De los postes habían colgado banderas de colores.
La gente ebria por las calles
iba en procesiones tambaleantes,
a punto de caer en las piedras disparejas.
A la noche luces de bengala,
tus espejos de humo.
Los cohetes retumbando como disparos.
Gente amante del fuego.
En tantos lados hallamos
cartuchos de bala enmohecidos,
quemadura de pólvora en los muros.
Los niños soplaban contra los rehiletes,
soplaban contra las flores
volando sus pétalos al viento.
Mujeres te seguían.

IV

A orillas del barranco esperábamos la noche.
Por ese valle que estaba a nuestros pies

¿no se paseó la vista de los Conquistadores?
Las luces comenzaban a encenderse
y nuestras mentes se apagaban,
pues la vigilia abría su vientre de araña,
sus diosas blancas.
Nos saciamos de vinos y de olores.
Y cada noche una prueba de fuego,
como los Bardos en las cimas desiertas
a pulso deteniendo conminaciones atroces
y divinas.
Y dudar si saldríamos con vida de ese túnel,
de esa noche vuelta hacia la nada.
Vinos dulcísimos
dejábamos caer por la garganta.
Nos saciamos de mieles.
Y en lo alto de la noche
la gracia inaudita de tu cuerpo.
El mundo se cerraba sobre nuestras cabezas,
se perdía tras de la lluvia.
Olvidábamos cuidar de los hijos,
como Bacantes,
olvidábamos las casas.
Fiesta era la lluvia sobre el monte.
¿Y quién podía predecir si no sería fulminado?
Transgresión abierta.
Tanto espanto,
tanta belleza creando en torno un vacío
nos succionaba como ojo de tempestad.
Y te dabas a mi deleite.
Te seguimos en el descenso hacia tus antros.
Y en el fondo sólo había
patas de insectos rozándonos la espalda,
alas de mariposa.

Y la diosa fecunda
ahogándonos contra su vientre húmedo.
Caían relámpagos,
rodaban los truenos por el cielo
de la cresta de los cerros al paraje de nadie.
Caminábamos casi sobre el aire,
como ir por terrenos minados.
Y una explosión nos trajo tanta gloria.

V

De pueblo en pueblo con las ropas manchadas,
los cabellos al viento,
comíamos, oh dioses, vuestro soma:
hongos llenos de tierra.
Estábamos bajo el volcán viendo la vida derruirse.
Peligro en todos los pasajes.
De estiércol hicimos hogueras
para quitarnos tanto frío de los huesos.
Oh vacas madres.
De estiércol nuestro lecho.
Temblaba la tierra.
Ese día los toros mataron hombres en la plaza.
Y desde lo alto
el fuego era el sol,
la oblación nuestros cuerpos,
la oración
esas chicharras a punto de morirse.
Y esas gotas a punto de caer sobre la tierra
yo las recibo.
Desde lo alto mirábamos el valle
y tú pedías fruta.
Los tajos en el monte, las grietas

hacían cantar el viento.
Ese día volvían las golondrinas
buscando sus nidos en lo alto del peñasco.
Vimos sus signos.

VI

Emigramos a los bosques
como ascetas,
a un rigor destemplado.
Y otra locura hacía presa de esos cuerpos sin carne,
los ojos agrandados,
las mejillas hundidas.
Tensó la cuerda hasta romperla.
Su mente volaba como un pájaro.
Se iba a la punta de los árboles
a esperar la salida del sol.
Pero ella quedaba abajo,
unía a esos mundos florecientes su cuerpo seco.
Fría sal de madrugada en el pico de los gorriones.
Veía colibríes, mariposas sin nombre como encajes.
Furias de muerte la nutrían.
Oía trompetas en el aire,
gritaba hasta quedarse muda.
A punto de matar,
a punto de cegarse,
y los gorriones cruzaban el cielo como si nada.
El mundo seguía igual.
Sólo su mente vagaba como rata por escondrijos,
revolvía en la chimenea las cenizas.
Y luego se remontaba.
Perdía el rostro del tiempo.
La hacía caminar por murallas de ciudades sitiadas,

la hacía gritar desde una hoguera,
la hacía cantar vistiendo sayales rugosos
o frecuentar cafés miserables bajo la nieve de París,
pianos tropezando en un vals desafinado.
Los cuerpos se consumían.
Gritaba profecías bajo el sol,
oía salmos,
maldecía y su saliva secaba las plantas,
su pensamiento podía fulminar.
Y sin embargo veía esos pájaros amarillos,
emigrados del norte.
Cantaban posados en una rama,
se hacían el amor.
Y ella deliraba, insomne,
y dentro de su mente
otra mente observaba como un ojo.
Y ella volaba en busca de su amado.

Nos volvíamos ciervos,
cruzábamos los bosques como flechas.

VII

Éramos heridas abiertas.
La sensación se trastornaba.
Tu voz inventaba registros en mi oído.
Tus almizcles me embriagaban más que el vino
Nos hería el placer.
Inagotables,
ebrios,
nuestros cuerpos, la ofrenda,
como frutas que dejan las mujeres
en las playas del sur y el mar se lleva.

Nos perdíamos del mundo.
Dibujábamos barcas en el aire
y nos íbamos en ellas.
Toda la noche caían para nosotros
dones del cielo,
la lluvia sobre los árboles,
y esas gotas brotando del pecho,
ah, nuestro soma—
¿dónde terminaban los cuerpos?
¿cuál cuerpo era de quién?
Yo sentía desde tu hombro mi caricia.
Tus pensamientos pasaban por mi mente,
y donde los deseos se juntaban
salían del aire aves de fuego.
Yo fluía dentro de ti.
¿Y tú quién eras?
Sólo un banco de abejas,
agua brillando como joyas.
Olas de sensaciones nos turbaban,
nos devolvían a la orilla.
Tanta vista del mar dejar atrás,
tantos bosques,
tanto de tu cuerpo.
Tender un velo en llamas sobre las formas—
que perdíamos al mirarnos un instante de más,
al debatirse tu muslo,
intempestivo.
Así morían los peces en las redes.

VIII

Tu cara raspaba.
Bajo los toldos del mercado

un brillo verde sobre tu frente.
Tus ojos, salidos de qué lumbre,
de qué parajes hoscos,
veían sin ver los platos de comida.
Un brillo verde,
como ya reflejando los árboles,
ya viendo el campo afuera
donde esperabas hallarte cierta planta.
Buscamos entre piedra volcánica
para encontrar flores moradas creciendo de la roca,
cactos de formas finas.
Todo el campo de tezontle.
Mal caminábamos
y la tarde también se ennegrecía.
Pasamos la noche debajo de un manzano.
Buscamos en el monte, sin brechas.
Volvíamos rasguñados.
Buscamos sin hallar,
en ruinas de pirámides donde caías dormido,
devorador de hongos,
devorador de iguanas.
Me enredabas en tu sueño,
me hacías reptar.
Mi lengua se alargaba puntiaguda
a devorar hormigas que te andaban por el cuello.
Y tu sudor olía a aguamiel.

IX

Alacranes nos salían al paso,
blancos, brillando sobre los pisos gastados.
Caminábamos en silencio
entre las balaustradas rotas,

nuestros pasos resonando en la bóveda.
Tanto polvo en los caminos para volver aquí.
Algo nos hería.
Las palabras se regresaban a la boca.
¿Tendríamos ahora ese gusto por el silencio?
Un largo ofrecimiento,
una propiciación involuntaria
¿nos daban frutos?
En el claustro
telarañas a contraluz como diagramas místicos,
los árboles de flores rojas, llamaradas.
Guardamos sus semillas
y pasionarias que dejamos secarse en la ventana
con sus coronas de pistilos morados
como espinas.
El vino traía todo amor por su Nombre.
Algo nos abría en el pecho un punto vulnerable,
un deleite extraño a nuestros modos.
Y ebrio, al amanecer,
cantando en el jardín una cantiga,
hallaste tu pelo cubierto de rocío.

X

Trepadoras con sus flores azules
en la impunidad de ese día
sin una sola nube sobre agosto.
Muertos de sed,
corriendo por un camino estrecho
con sus vallas de espigas rosadas a los lados,
siguiendo en un quinteto
el contrapunto de violas,
subíamos la cuesta.

Descorchabas el vino.
E íbamos cuidando de no matar borregos,
de no despeñarnos a un parpadeo de más.
Ángeles guardianes nos alertaban
justo a tiempo de no incrustarnos en el cerro.
¿Perseguidos por quién corríamos así?
¿Siguiendo a quién?
Detenidos de noche por tropas en busca de guerrillas,
aluzados con linternas,
las armas apuntándonos.
Y tantas mariposas consteladas en los parabrisas.
Ah, tus ofrendas.
Echabas jazmines en el vino.
El vino, inagotable, más rojo bajo el sol.
O bebíamos de noche licores nauseabundos
en burdeles de las afueras.
Celebración incesante,
a costa de tanta vida nuestra,
las caras tan pálidas.
Y la sonrisa inextinguible,
pues en cualquier parte
renacía,
Estrepitoso, Delirante.
Bebíamos mostos de su boca.
Nuestros cuerpos ardían.
Demorar un instante de más nos calcinaba.
¿Y quién podía detenernos?
¿Quién podía detener
esas plantas trepando por el muro?

XI

Infatuación del tiempo.
Dejamos pasar el día

como a los vendedores de collares,
de aves del paraíso,
de peines de hueso.
Las ramas de los árboles se doblaban con los zanates
pintando de negro el aire con su ruido.
--¿Y usted qué piensa?
Pájaro filósofo.
Infatuación del día.
Dejamos pasar la vida
como ver aquellos animales
de sol a sol pastando por el cerro,
u oír el agua bajar entre las piedras.
Nuestras sonatas póstumas.
Nos perdimos como esos pájaros
día y noche entre las ramas,
saltando de la ebriedad
al delirio que nos poblaba los caminos
de bestias fosforescentes
o hacía pasar centellas como bolas de fuego.

XII

Bajo techos de palma mirábamos el mar,
cangrejos parsimoniosos entre las rocas.
El viento agitaba el cabello
y azotaba las palmas en el techo.
El mar se hacía oír
sofocando nuestras voces
y devoraba la tierra dejando al aire
las raíces húmedas, rojizas de las palmas.
Gusto de agua salada en la garganta,
los ojos enrojecidos,
y una embriaguez creciendo hacia la arena.

Sólo se escucha el propio corazón,
el aliento que viene y va, como ola.
Siento la arena pegándose a tu piel,
a tus cabellos.
Va y viene,
ola que estalla,
cresta de espuma en la garganta.
La resaca detiene el corazón,
lo agita
como a la orilla pequeñas caracolas.
Y algo nos lleva a sumergirnos más
hacia la noche,
sumidero,
eco en el fondo,
moneda que arrojas al pozo
y tarda tanto en alcanzar el agua,
eco en lo profundo.
Y en ese eco, de nuevo, el estruendo del mar.
Sílabas sin sentido.
Calor en los cuerpos.

XIII

Intoxicados,
con la mirada puesta en otra parte,
oh veleidosos,
propiciando los manes de otra estirpe
nos saciamos de belleza.
Ebrios,
oíamos con el cuerpo,
dictábamos modulaciones extrañas,
disonancias.
Una gota caía

filtrada entre la piedra,
honrando al dios desconocido.
Desde allí mirábamos el mundo,
una puerta custodiada por leones,
una torre cónica abierta al infinito,
y la gota que cae,
pulsando nuestros cuerpos,
vibración de sistros.
Un mar girando batido por el fuego.
Veneno azul a mi garganta.
Y la gota horadando la imagen de mi dios,
llenando los sentidos con su música.
Una pausa se abrió
absorbiéndonos de pronto en el silencio.
El mundo se detuvo en el centro de un eje.
Aspas de fuego en torno.
Sólo ascenso,
desnudez.
Diez brazos de tu tronco portando flamas.
Tu frente como sol.
Rayos girando.
Danzas,
y en torno no hay sino cenizas.
Yo misma me vuelvo de ceniza,
danzo, desaparezco.
Y de tu cuerpo prendida,
traspasada,
hueca como una caña,
soy el lecho de un río,
fuerza que se despliega como ala,
un hilo de azogue,
un hálito.
Giramos en lo alto.

Circulación de luz.
No hay aliento.
Volamos en el silencio,
en el vacío abierto.
Estamos dentro del relámpago.

XIV

Ninguna imagen,
nada que dicte curso
sino la gota filtrándose en la piedra,
desbordando corrientes donde nos sumergimos.
Y aquello que percibíamos con los ojos abiertos
se desprendió de la orilla de la vigilia
para fluir por esas transparencias.
Disolución.
Ofrendas arrebatadas por la ola.
Y somos al descender materia que se deshace,
polvo estelar.
Inseparable nuestro aliento.
Intocada nuestra savia.
Oblación.
Disolución.
Un brazo de río que detiene
un montón de hojas secas,
abejas deshechas entre flores.
Somos brazos horadados por el viento,
cabellos que ondulan bajo el agua,
huesos al descubierto.
Somos sólo calaveras,
calaveras de cristal, y dentro,
galaxias, nebulosas, astros girando.
Un puñado de cenizas,

esqueletos al fondo del barranco,
un fantasma de sauce,
una voz sin sonido.

XV

Camino por el atrio.
Todo el suelo cubierto de campanas violetas.
El encuentro exaltaba mi corazón.
Dentro del templo
los siete arcángeles pintados en los muros.
La tarde de mayo florecía.
Las ofrendas a María
se secaban en el arco triunfal.
Miguel espada en mano resguardaba las puertas.
Pero no íbamos al templo.
"Tanto gentile e tanto onesta pare."
Y al volverme
la gracia de ¿Rafael? en tu sonrisa.
Caminé entre las tumbas
hasta encontrarte bajo las jacarandas.
Las cercas de ladrillo se cubrían con las flores moradas.
Un olor ambiguo.
Abajo de las cercas gritaba el Porquerizo.
Los gruñidos de los cerdos llegaban a nuestra plática.
Y no dará nombre a tus espumas,
pues los poetas mienten demasiado.

DESLIZAMIENTO

DESLIZAMIENTO

...ivres
d'être parmi l'écume innconue et les cieux

Mallarmé

1

Desde el paso de un reloj de arena
entre el momento ya ido
y toda la dicha
       en espera de su consumación,
cada instante,
       como grano que cae,
       caricias que ya quedan
al fondo de la memoria que se fuga,
cada instante
       toca la eternidad.

El legado intacto
desenvuelve en sus pliegues
       un destino.
Y los minutos que aguardan
       su paso por el tiempo
como almas esperando nacer,
semillas deseosas de abrirse,
tienden del corazón un puente frágil.

La multitud de existencias
se desplaza
de la vida a la muerte,
                    de la muerte a otra vida.
Vemos cayendo en una ráfaga
vidas como granos de arena,
                    átomos de tiempo
hacia el deslizamiento inacabable.

Ínfimo el cambio en la mirada,
el espasmo en las manos,
y nuestro abrazo se abre hacia lo eterno.
El tiempo cesa,
el eje inmóvil en su centro
nos tiene en vilo,
invierte el curso del devenir.

Fulguran restos de imágenes
en el pensamiento,
                    manchas desvaídas
que a distancia devora el horizonte

El mundo sigue en los cuerpos transidos
y el alma en fuga
                    se remonta por encima
de forma, mundo y tiempo.

2

Ir emergiendo a la conciencia,
sentar los límites.
Ser esas manchas
sobre la blancura del papel,

                       sangre en la nieve.
Ver la mañana desvalida
como crías de gorrión.

Y nuestros cuerpos fríos,
sin salir del azoro.
El día gris divide la conciencia--
Bordes afilados de un disco
                          nos destazan.

Y en tanta fragmentación
el mismo amor
                   humedece los cuerpos.
Nuestras manos nos vuelven a la vida.
Oh Dios de mi fuego,
echar en saco roto la eternidad.

La vuelta a la forma,
dulzor amargo
               de los primeros frutos.

El desamparo de nacer,
el error de nacer.
             Ah, despojo.

Y llega
el sentido del grito
                que se oye afuera,
la claridad creciente,
descarnada,
sin ningún asidero.
Sólo dejándose mirar.

3

Ámbar líquido en tus ojos,
pan en tu frente.

Ya convertido en ciego,
ya mirando las formas,
abatido,
            fementido.
Ya dejándote amar,
dispuesto como una ofrenda.

Oh asediado,
cómo tocarte
            en tu perfecta desnudez.
Cristo tendido,
Orfeo vuelto del Infierno.
Si te tocara,
            te despedazaría.

4

Fulguración de plantas,
peces festivos
            dejan partículas de luz.

Los cuerpos fosforescentes
                        atraen la luna.
Peces se agitan en torno,
sus franjas
            como vestidos de egipcias.

Deslumbramientos,
                    alumbramientos.

La esfera
oculta su centro inexpugnable.

                5

El cobertizo con su sombra verde
vuela frente a nosotros.
La palma se entreabre hacia una nube—
su abrazo nos sobrecoge.
Llegan montañas distantes.
Ríos cruzan por nuestras piernas
                    —en el hombro un pichón.
El Dios del viento vuelve a juntar
el cielo con la tierra.

Qué granada exquisita entre los labios.

                6

Cadencias perfectas como yambos
nos arrebatan a una danza
cuyo fin no sabemos.
Morir vueltos ya piedra,
                    ya celo vegetal,
con el oído puesto en el oleaje—
la mar creciendo hasta cubrirnos
como hoyos de cangrejos
                    o rastros de espuma.

Deslizamiento,
nos borra de las manos
nuestros propios cuerpos que se tocan,
borra la ola misma que nos levanta
y nos sostiene
sobre su cresta henchida.
Y entre ese instante
                y el descenso
la suma entera de existencias.
Una implosión nos vuelca
hasta su fuente,
sílaba que atrapa la floración de espuma
y nos vuelve visión,
                tañido,
rayo que se convierte en ojo.

                7

La noche nos alcanza como un alfil.
En carne viva,
alerta,
contumaz,
        la vida misma nos rebasa.
Sus semillas recobran
en cada rincón del mundo sus progenies,
dando un salto hacia atrás,
                llegando a tumbos

        como un tumulto de aguas,
                una espada de fuego,
                una lengua encendida;
        como un panal,

un enigma sin claves,
una serpiente—

Seno repleto,
seno florecido
absorbe hacia sí el agua viva
                        decantación del tiempo,
pensamiento hecho células—

        como quien ve su muerte descendiendo
                                y se entrega.

        8

El instante con sus brillos perdidos
recobra el contrapeso de silencio,
deja circular como un torrente
                        su carga propia—
punta de un hilo que se jala
y trae consigo un fardo de memorias perdidas.

Ascua desnuda,
no se lleva el amor.
Tu risa pone collares en mi pecho.

La noche asalta
                sin proponer un rumbo.
No sabemos qué guarda
tras esas frases demasiado oídas:
ah, mi amor,
mi amor—
                y cuánto suscitan,
cuánto trocamos vivo;

savia azulada,
hilo secreto
que enlaza la raíz
                    a la corona altiva,
amor,
cuánta abundancia nos alcanza,

Aparición.
De lejos viene,
de lejos va llegando.

                9

El pensamiento cesa,
y vuelve la conciencia sin atributos
a quedar en el centro de sí misma.
No sabe de sí,
no deja de sí huella ninguna.

¿Qué podría inferirse
de una extensión abierta,
sin señal,
                cielo sin nubes?

La aguja del instante,
la cintura que estrecha el devenir
desgrana en partículas
                        su curso acumulado
y más allá
sin curso ni tiempo ni partículas,
ah deleite,
                nuestra propia extinción.

URRACAS

URRACAS

Ya tu mirada
en incesante oscuridad me anega.

Alí Chumacero

1

Una bóveda al vacío,
                    largo ulular.
Grafías en los muros del túnel.

Del sueño a lo real visible,
de lo visible ilusorio
                    a otro sueño.

Dijo:
          No me llames ahora. Cuando venga
          no podrás soportarme, y desearás
          que me vaya y no me iré. Y nada
          quedará de ti igual que era.

2

Un aletear inmenso
desciende
                    sobre su propia sombra.

El suelo se corta como una página.

Habito la grieta que abres
                    bajo mis pies,
me vuelvo el vacío que te llena,
a ti, que eres abismo.

                    3

La noche emerge a la conciencia,
muestra tus filos ásperos,
la astilla que clava en el costado
                    su nota más aguda.

Para escuchar los ecos de tu voz
me hundo en tu piélago
y allí deambulo,
                    pez ciego,
hasta volver
abierta como una pregunta,
traspasada,
ebria de inexistencia.

                    4

Sale al encuentro de tu forma
el pensamiento,
pequeños puntos.

Nubes de urracas se desprenden
                    de las vías del tren.
Las torres blancas fulguran en la madrugada.

El pensamiento apresa en sus aristas
al final de un tiempo no medible,
de un espacio no medible,
                    el aleteo solo.

Las urracas cruzan
el alba pálida de la mente.
Se encienden y se extinguen
                    en el negro vestíbulo.

5

Crin de espuma
                    enardecida,
desmesura,
brillo de cosas nunca antes soñadas.
La ola retrocede,
el mar se abre,
la espuma alza sus alas.

6

Cosas a punto de incendiarse
en medio de su quietud.

La mirada
agota la forma en un instante
y vuelve a su pasmo.

El pecho como una cueva.
Tu fuego que ha devorado todo,
ardiendo allí,
                    sin consumirse.

7

Se alzan los pensamientos
                    en parvada.
Rasguñan mi pecho.
Las sombras que me envuelven
                    no son las mismas.

Miro el fondo
          donde aguarda tu imagen.

¿Bajo qué auspicio   tiraste de esos hilos?

8

Tu hálito

                    roce de un ala
          danza libre

                    junta los dos extremos
                    da comienzo a otra ronda

Tu voz

          escarchadura

                    rompe la superficie
                    como un géiser

9

Toco un brote
           y salen las hojas,
toco una rama
y se forma un fruto
                entre mis dedos.

Vuelve tu voz.
Quedamos pares y semejantes
                  dentro del mismo soplo.

10

Urracas en bandada,
                frecuentación sonora,
irrumpen
        como en un día festivo,
dejan caer al vuelo filamentos.

La música sigue en sus metales.

Vértigo,

        el muro negro.

11

Como palabras,
           oh pertinaces,
cubren lo ya desnudo,
se acumulan
sobre la perfección
              de lo no dicho.

12

Plancha acerada,
lomo de una bestia que dormita,
                el mar del pensamiento.

Suben hasta la superficie
letras como burbujas,
diminutas criaturas,
musgos—
            sobre la piel del Invisible.

13

Lo que se oculta,
           a punto de estallar.

Entro en tu corazón.

Me llenas de tu nada,
           me devoras.

14

El ala
        roza los filos translúcidos,
brilla en las apariencias.
El mar se vierte en la orilla.
Tu tiniebla se extiende
           en la conciencia.

15

Nada puede tocarme
                    bajo tu sombra,
amada como una tumba,
como un regazo.

¿Qué luz me deja ver tu oscuridad?

El pensamiento cruza
                    con las alas cerradas.
El alma se repliega
                    hacia tu sombra ubicua.

LA PRESENCIA

LA PRESENCIA

1

Vine como ese pájaro que oyó a la distancia, entre corrientes alternas de la noche, el llamado de su par.

Indistinguible de la propia voz, esa nota única entre todas se abrió paso desde el sueño.

Cantaba la noche, y un silencio sólo tocado por el viento, aleteo que se desprende de una rama, se volvió idéntico a la voz.

Élitros pulsando como un toque de gracia. Alma y sentidos debatiéndose en su no entender.

Más guiada por el deseo que la certeza, como siguiendo el rastro vivo de un aroma, vine hasta aquí.

2

Entreví, no la imagen real sino soñada.
¿Cuánto tendría que adquirir o perder para acercarse a lo real? ¿Qué era lo real?

En la distancia, formas indistintas, como esa hierba que saturaba el verano a la sombra de las hojas movedizas.

Y la blancura restallante. Entrecielo penetrado por notas de flauta,

o por el viento embromando a los gatos con el escamoteo de las hojas secas sobre el suelo.

Enjambres de mariposas se levantan, como hojas de castaño,
                    el polvo de sus alas llena el aire.

Tus ojos me reciben desde el sueño.

              3

La noche empieza en el ala del arcángel.

La partitura se borra, vuelve a su respiro, pliega su vuelo mientras las cosas se despliegan,
                                        las traspasa
una luz violeta que no cesa.

Tu voz hiere en lo suave.

Tormenta afuera. Árboles que se doblan.
Dentro, el juego del polvo en esa luz, un asombro callado, nociones de cuerpo presente.

Insondable el sentido por donde transitamos.

Explicar lo que comportan la voz, la luz, la presencia que llega desde otra esfera,
                              cercana   más
que la propia piel   amada.

4

Fijar sobre tu rostro las facciones del sueño, darle
sombra y perfil, visitar en su nido el relámpago,
    con el viento colándose a raudales a media tarde.

Pudo la faz del sueño al fin tomar un rostro
y decirse completa, venciendo los párpados como alas
abatidas, a ras de cielo.

Los dos extremos del sol. Una opción anclada en
el deseo, o sus tintas desiertas marcando en franjas
puras el paso
                con un velo en los ojos

        la entrada
                        la salida
        la entrada

sin mucho entender del alto vuelo.

        5

El sueño pesa como un ala blanca, un rigor
inescapable, una acumulación de vísperas.

Lo atraviesan nombres de largas terminaciones,
como ropajes talares, sobreexpuesto al calor, al reflujo de
espliegos—
                recoge dulces frases ceremoniosas
extendidas a lo largo del fulgor vespertino.

Nada oculta el brillo de los almendros, con sus
hojas que se trepan a la luz.

Se oyen palomas en el techo, y el sueño cae como
un velo, se balancea sobre nuestras sombras,

y en el jardín de altos muros nos acoge la noche,
donde tu ropa blanca entre el follaje
                                        es una gracia de la
Resurrección.

6

Toda el agua en secreto,
Los pensamientos no se atreven a estallar y
enlazan callados el gesto enunciador.

El soplo del día llega hasta la frente, hace latir el
nervio que atraviesa, la vena que va tocando leve.

Toda el agua a la orilla del labio: apenas un eco de
las últimas palabras--

un paso más a la vigilia y se han ido, se confinan
en su mundo otro, sólo aprehensible vagamente en el
sueño.

Y lo que allí sucede, lo que dices y te digo yo, los
mundos que visitamos se cierran en secreto.

7

La luz parpadea en las bóvedas blancas,
                                        imágenes
de lo divino.
Los amantes beben uno del otro.

La noche huye, y algo más fuerte arrebata la
mente, trayendo al sueño su sangre duradera.

El sol dibuja en el suelo el deshilado de las
cortinas. Muros azules de tan blancos.

Los ánimos se entremezclan, la mirada se empaña.
Las almas se escapan en el vino, contando apenas
un relato brevísimo en su revoloteo.

8

Dentro de tu abrazo la noche danza.

La conciencia se desliza, resbala como agua, fluye
sobre sí misma sin detenerse,

                                               contempla
todavía sus caminos en las savias azules.

Huellas de luz se dibujan en el amanecer.
Antenas sensitivas buscan hacia el mar, se saturan
de peces

y el día entra con sus mentas y sus albahacas, los
insectos renacen.

Zumban las alas súbitas en la ventana.

9

Traspasada, el alma se hunde en la belleza de las
cosas, que apenas reflejan tu belleza,

                                      se deja
invadir por lo que ve en tu rostro.

Los hilos de tu voz como hilos de araña,
                                      y del
oído presos mente y corazón se hacen devorar.

El ánimo se suspende en la substancia de tu
abrazo, transido en sus rumbos alegóricos.

Ah, dónde empieza esta historia de esconderte o
huir o mostrarte en la cumbre inverosímil.

De tus tierras invisibles un rayo único se refracta
en el prisma del corazón,
                         y tu mirada deja en el secreto
otras sentencias.

10

Quedan tus cimas escarpadas, la orilla del desierto
                —cifras sólo cumplidas cuando ya no se
esperan.

Te desprendes de lo que juntan a tu Nombre y
vuelves a recogerlo.

Respondes en el filo del canto.
Y tu voz tan desnuda, tan suelta en su cadencia,
clava en lo sensible sus saetas.

Miro las cosas y dejo que me acaricie tu belleza.

Ningún mar te contiene, ningún fuego consume tus ofrendas.

Se acumulan estas palabras que no dicen las cascadas de luz, el deleite que punza, invade, despoja al alma,

llena de tu presencia o de tu ausencia.

Índice

Los cuatro poemas de esta selección están incluidos en el volumen *Elsa Cross, Poesía completa* (1965-2012), Fondo de Cultura Económica, México 2012.

• La "Invocación" pertenece al libro *El vino de las cosas*. Ditirambos (2004).

• *Bacantes* (1982) es un libro independiente.

• "Deslizamiento" pertenece al libro *Moira* (1993).

• *Urracas* (1995) es un libro independiente.

• "La presencia" es la parte final del libro *Cuaderno de Amorgós* (2007).

CUATRO POEMAS
de Elsa Cross
-5/10 de la Colección Capitanas 2-
se terminó de editar y maquetar
por Nautilus Ediciones
en Zaragoza, España,
en abril de 2024.